내가 저자가 되는

감사
노트

이 책의 저자는
고도원, 김강정, 김사비나, 도종환, 원철,
이창호, 정용철, 최성식 그리고 당신입니다.

내가 저자가 되는

감사 노트

고도원 김강정 김사비나 도종환 원철 이창호
정용철 최성식   지음

그림 황중환

나무생각

* 이 책에서는 가톨릭의 '하느님'과 기독교의 '하나님'을 함께 표기하였습니다.

당신과 나를 살리는 감사 노트

　　이제는 이런 노트가 필요한 시대가 아닌가 합니다. 지하철을 타고 다니는 사람들의 표정이 밝지 않고, 활짝 웃는 이웃을 본 지 오래되었습니다. 많은 이들이 무엇인지도 모르는 결핍감에 사로잡혀 하루 하루를 보내고 있습니다. 우리가 얼마나 많은 것과 축복을 가졌는지도 모른 채 말입니다. 하루에 감사할 일 몇 가지를 적어 보는 일, 바쁜 일상에서 잠시 짬 내어 감사할 일을 생각해 보는 일, 이것이 우리를 살리는 일이라 생각합니다. 이것이 바로 당신과 나를 감사와 행복으로 이끄는 길입니다.

자꾸 감사하면
감사할 일이 생긴대요 ♪

차 례

당신과 나를 살리는 감사 노트 ················· 5

감사의 생활화 – 최성식 ················· 8

특별한 재주를 바라나요? – 김사비나 ············ 32

누가 주인인가 – 도종환 ················· 58

당연하게 받지 말고 감사히 받자 – 원철 ········ 82

감사의 기도 – 김강정(시몬) ··············· 108

감사의 조건 – 정용철 ················· 132

가장 귀한 선물 – 이창호 ··············· 156

최고의 감사 – 고도원 ················· 182

감사의 생활화

최성식
전남대학교 종교문화연구소 학술연구 교수
마틴부버인성교육 연구소 소장

이미 가지고 있는 것에 항상 감사할 줄 아는
것이야말로 행복의 지름길이다.

인간은 홀로 살 수 없다. 물, 공기, 옷, 음식 등과 같은 수많은 것들의 도움 없이는 한순간도 살 수 없다. 더구나 흔히 말하는 인간답게 살기 위해서는 더 많은 존재들의 도움이 필요하다. 이렇게 수많은 존재들로부터 빚지고 살아온 결과가 바로 오늘의 나 자신이다. 늘 빚지고 사는 것이 인생이다. 빚은 어느 것 하나 당연한 것이 없다. 어떻게 하면 이 빚을 갚을 수 있을까?

항상 매사에 감사하는 마음으로 사는 것이다. 공기, 물, 숲 등 모든 자연과 소홀히 생각했던 내 이웃과 가족, 심지어 지금까지 건강을 지켜준 내 몸에 대해서도 감사해야 한다. 감사는 자신의 마음을 다른 존재들을 향해 열어 그들과 소통하며 더불어 살아감을 의미한다.

감사를 생활화하는 것이야말로 자신의 마음을 여는 가장 효과적인 방법이다. 감사하기 위해서는 외부의 대상들을 향해 마음의 문을 열어야 하기 때문이다. 마음을 열어야 밖으로부터 도움을 받을 수 있다. 소통이란 두 존재들 사이에 주고받는 모든 것을 의미한다. 존재들 간의 소통은 우선 각자가 상대에게서 받은 것에 감사할 때 비로소 가능하다.

현대인들의 가장 큰 문제는 감사할 줄 모르는 것이다. 이미 가지고 있는 것에 대해 고마움이 없다 보니 차고 넘침에도 부족함을 느껴 계속 채우고자 하는 악순환의 고리에 빠져든다. 정작 자신에게 가장 소중한 것은 자리가 없어 흘려 보내야만 한다. 가진 것에 감사하고 나눌 때 자신의 그릇이 비워지고 더 큰 것을 받아들일 준비가 되는 것이다. 자신의 그릇을 비운다는 것은 삶의 여유이고 삶의 또 다른 가능성을 의미한다. 이것이 바로 비움의 철학이다.

이미 가지고 있는 것에 항상 감사할 줄 아는 것이야말로 행복의 지름길이다. 끝없는 소유욕에 사로잡힌 사람들은 원하는 것을 얻었다 할지라도 행복은 잠깐이고 거기서 만족하지 못하기에 곧 불행해진다. 그 어느 시대보다 넘치는 풍요로움을 구가하는 현대인들이지만 행복과는 먼 삶을 사는 원인이 바로 여기에 있다. 장애인들의 장애 극복기에 나타난 공통점은 '갖지 못한 한 가지를 불평하기보다 가진 것 열 가지에 감사하는 것'이다. 없는 팔다리를 불평하기보다 아직도 가지고 있는 것에 감사함으로써 주어진 현실을 받아들일 수 있게 되고, 새 출발을 위한 힘을 얻는다.

망가진 자연을 보고서야 자연의 소중함을 알게 되고, 오염된 공기를 통해 신선한 공기의 중요성을 깨닫고, 건강을 잃은 후에야 건강의 중요성을 알게 되는 것처럼, 부모님이 돌아가신 후에야 살아 계실 때 잘 해드리지 못한 것을 후회하게 된다. 가깝기에 당연하게만 여겼던 존재가 가장 소중하다는 것을 아쉽게도 그의 빈자리를 통해 알게 되니 이 얼마나 큰 비극인가!

　'감사합니다.'라는 표현에서 비로소 닫혀 있던 마음이 열린다. 삶에 대해 부정적이던 사고가 긍정적으로 바뀐다. 수동적 소극적 타율적이던 자세가 능동적 적극적 자율적으로 바뀐다. 또한 이해받기보다는 이해하려고 노력하게 된다. 사소하게 여겨졌던 것들이 가장 소중한 것으로 본래 모습을 되찾는다. 감사의 생활화는 마음을 열게 하고, 모든 존재들과 소통하며 더불어 살게 한다. 꼬여 있는 가족관계에서부터 인류의 종말을 예고하는 복잡하게 얽힌 환경문제에 이르기까지 그 모든 문제의 실마리는 감사하는 마음에서부터 출발한다면 쉽게 풀릴 것이다.

　가장 가까운 가족에서부터 친구와 이웃 그리고 사소한 모든 존재들에게도 감사를 표현함으로써 행복한 가정으로, 서로 나누는 사회로 점차 변화될 것이다. 우리 모두는 감사해야 할 수많은 축복을 누리고 있다. 날마다 단 5분만이라도 삶의 축복에 감사한다면 자신의 삶은 더욱 풍요로워지고, 세상은 더욱 아름다워질 것이다.

감사합니다.

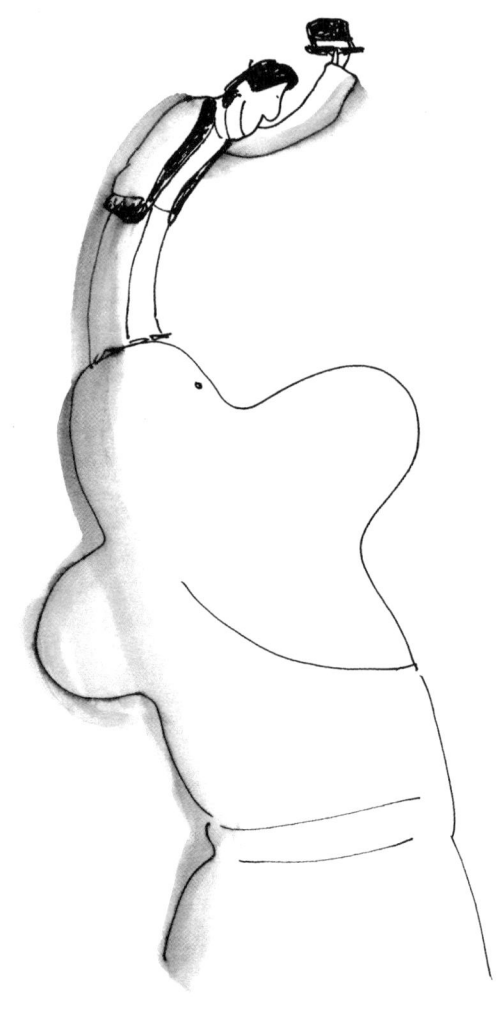

그대가 매일 아침 눈을 떠 가장 먼저 해야 할 일은,

무사히 아침을 맞았음을 감사하는 일이다.

- 프랑스 격언

이 땅을 주셔서 감사합니다.
드넓은 하늘과 환한 해를 주셔서 감사합니다.
짠 바다와 흐르는 강물을 주셔서 감사합니다.
끝없이 이어지는 언덕과
잠시도 쉬지 않는 바람을 주셔서 감사합니다
나무와 발밑의 푸른 풀을 주셔서 감사합니다.

− 《세상에서 가장 아름다운 기도 100》 중에서

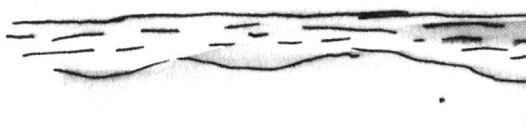

꼬여 있는 가족관계에서부터

인류의 종말을 예고하는

복잡하게 얽힌 환경문제에 이르기까지

그 모든 문제의 실마리는

감사하는 마음에서부터 출발한다면

쉽게 풀릴 것이다.

27

감사는 예의 중에 가장 아름다운 형태이다.

― J. 마르댕

임 가지고 있는 것 하나는 깊이 간직한 줄 나는 것에 바람

풀 꺾이 흩날리다. 끝없는 소용돌이 사라진다.

못하는 것으로 아직 선 한 가지만 풀꺾이 잡힘이고

구서 만 꺾이지 매달리며 그만 꺾이풀어진다.

디 이는 시험 터다. 잃었는 파이야이며 다 하나는 풀 이이미지만,

풀 꺾이라는 만 사랑이라는 말이 바로 여기 있다.

특별한
재주를
바라나요?

김사비나
까리따스 수녀회 수도자,
월간 《생활성서》 편집장

비록 잘 부르지 못한다 할지라도 마음을 담은 노래는
저 멀리에 있는 의식도 불러온다는 것을.

'재주 있는 사람.' 재주라는 단어에 몹시도 집착했던 때가 있습니다. 그것도 노래 잘하는 재주에 말입니다. 수녀원에 입회해서 천상에서 들려오는 것 같은 몇몇 수녀님들의 노랫소리가 너무 부러워 제게 그런 재주를 주지 않으신 하느님께 불평한 적이 여러 번입니다. 미사 중에 한 번쯤 저도 솔로로 노래해 보고 싶은 마음이 얼마나 간절했는지 모릅니다. 제 노래 실력으로 말할 것 같으면 학창시절 노래방이라는 곳을 가장 두려워했다면 아시겠지요? 가요를 멋지게 부르는 친구들처럼 나도 한번 그렇게 불러보리라 결심하고 인기 가요 테이프를 사는 데 돈도 엄청 쏟아 부었답니다. 그러나 그런 노력에도 불구하고 제 노래에 귀 기울인 이가 아무도 없을 정도였습니다. 그러니 노래 잘하는 재주에 집착하지 않을 수 없었던 것이지요. 아, 하느님 왜 저는 노래를 못하는 걸까요.

제게도 음감을 주세요…… 제발!

그런데 말입니다. 천상에서 들려오는 것 같은 노래는 아니더라도 내가 노래할 수 있다는 것 자체만으로도 감사할 때가 있었습니다.

❧ ❧

"엄마, 엄마, 나 왔어. 엄마 막내딸. 엄마, 엄마! 말 좀 해봐!"

오랫동안 파킨슨병으로 고생하시던 엄마가 어느 날 혼수상태에 빠지셨습니다. 언니에게 뒤늦게 연락을 받고 급히 엄마의 병실을 찾아간 저는 도저히 믿기지가 않았습니다. 1년 전 휴가 때 뵌 얼굴과 너무나 다르게 말라 있고 좌우로 계속 고개를 흔들며 혼수상태에 빠져 있는 엄마의 모습은 마치 딴 사람 같았습니다. 아마도 그때가 생사의 갈림길에 계셨나 봅니다. 엄마는 코에 호스를 꽂고서 눈도 뜨지 못한 채 하루 종일 머리만 좌우로 흔들며 몹시 괴로운 표정을 하고 계셨는데 늘 보고 싶다던 당신의 막내딸이 곁에서 아무리 "엄마, 엄마" 하고 불러도 반응이 전혀 없었습니다. 다음날도 엄마의 상태는 똑같았습니다. 그렇다고 제가 엄마 곁에 계속 있을 수만은 없었습니다. 잡지 마감일도 다가오고 있었기에 수녀원으로 돌아와야 했습니다. 그래서 저는 생각했습니다. 엄마 곁에서 계속 있을 수 있는 방법은 무엇일까. 그러다 문득 제 목소리로 엄마가 늘 즐겨 부르시던 성가를 녹음하기로 했습니다. 그것을 계속 들려드린다면 엄마는 깨어나실 수 있을 거라는 믿음이 생겼지요. 그날 밤, 집에서 작은 소형 녹음기로 제가 직접 성가를 불러 녹음했습니다. "주 하느님, 지으신 모든 세계, 내 마음속에……." 엄마 생각에 눈물 콧물 범벅이 되어 노랫소리가 탁했습니다. 다시 지우고 녹음하기를 여러 번, 시간은 자꾸 흐르면서 목이 메였습니다. 시간이 갈수록 머리도 아파왔지요. 그러나 노래를 부르며 엄마와의 추억들이 너무나 생생하게 떠올랐습니다. 주일 새벽마다 성당에 가자고 깨우시던 엄마. "막내야, 막내야, 성당 안 갈래?" 엄마의 간절한 깨움에 비가 오나 눈이 오나 봄 여름 가을 겨울 그렇게 엄마와 함께 새벽 길을 나서서 미사에 참석하고 돌아오는 길엔 늘 성가를 흥얼거리곤 하던 저.

의식이 없는 엄마의 현재 모습과 과거 저와 함께 성가를 부르며 즐거워하시던 때가 오버랩되어 자꾸만 눈물이 쏟아졌습니다. 그러나 저는 이 세상에 태어나서 가장 잘 부르고 싶은 마음으로 성가를 불렀습니다. 무반주에 형편없는 노래 실력이었지만 사랑하는 엄마를 위해 내가 낼 수 있는 가장 아름다운 노래를 녹음하고 싶었기 때문이지요. 그래서 녹음기 정지 버튼 누르기를 몇 십 번. 새벽 3시쯤에야 녹음을 마무리할 수 있었습니다.

저는 언니에게 그 녹음테이프를 엄마 병실에 틀어달라고 부탁하고 서울로 돌아왔습니다. 일을 하면서도 엄마 생각이 자꾸 났지만 하느님

께 모든 것을 맡겨드렸습니다.

며칠이 지난 어느 날이었습니다.

"기적이야, 엄마가 깨어나서 네 노래를 따라 부르신다. 계속 웃으시면서 말이야."

아, 엄마가 제 노래를 따라 부르시다니요. 휴가를 내서 엄마 병실에 찾아갔을 때, 엄마는 활짝 웃는 얼굴로 "우리 막내딸, 왔냐?" 하시며 저를 반기셨습니다. 그리고 당신 손으로 제 얼굴을 당신 얼굴 가까이 가져가서는 볼을 계속 비비셨습니다. 병원 간호사들은 말하더군요. 엄마가 제 노랫소리를 듣고 깨어나셨다고. 기적이라고. 아, 하느님 감사합니다.

저는 깨달았습니다. 노래할 수 있다는 것이 얼마나 큰 축복인가를. 비록 잘 부르지 못한다 할지라도 마음을 담은 노래는 저 멀리에 있는 의식도 불러온다는 것을. 세상 그 누구의 노래보다 더 아름다운 노래일 수 있음을. 그리고 노래가 기도가 될 수 있음을.

저는 더 이상 노래 잘하는 특별한 재주를 바라지 않습니다. 온 마음으로 온 정성으로 노래할 수 있다면, 그리고 단 한 사람만이라도 그렇게 부르는 내 노래를 알아들을 수 있다면 그것으로 만족할 것입니다. 비록 조수미 씨처럼 못 부를지언정, 오늘도 저는 노래할 것입니다. 온 마음과 온 정성 다해 하느님 당신을 찬양하는 노래를.

감사합니다.

새들의 노랫소리를 듣고
여름에는 아름다운 들판을 보며
가을에는 달콤한 열매를 맛보고
겨울에는 눈의 보드라운 느낌을 즐기며
봄의 향기를 맡도록
우리에게 감각을 주셔서 감사합니다.

- 《세상에서 가장 아름다운 기도 100》 중에서

저는 더 이상

노래 잘하는 특별한 재주를 바라지 않습니다.

온 마음으로 온 정성으로 노래할 수 있다면,

그리고 단 한 사람만이라도 그렇게 부르는

내 노래를 알아들을 수 있다면

그것으로 만족할 것입니다.

51

53

감사는 고결한 영혼의 얼굴이다.

-- 제퍼슨

저는 깨달았습니다. 노래할 수 있다는 것이 얼마나
큰 축복인가를. 비록 잘 부르지 못한다 할지라도
마음으로 담아 노래는 저 멀리 퍼지어 누군가 부러워하는 것이요.
혹시 그 누군가 노래보다 더 아름다운 노래를 부를 수 있음이요.
그리고 노래가 기도 될 수 있음이요.

누가 주인인가

도종환
시인

우리에게 중요한 것은 이기는 것이 아니라
행복하게 사는 것이다.

지방에 내려갔다가 올라오는 길에 대전에서 열차를 내려 택시를 탔습니다. 밤이 깊어 버스는 이미 끊어졌고 택시를 타야 청주까지 올 수 있었습니다. 택시 기사는 사만 원을 달라고 하고 나는 삼만오천 원에 가자고 흥정하다 택시 기사가 양보하여 삼만오천 원에 청주까지 오게 되었습니다. 기사는 친절하였습니다. 두 가지 길 중에 어느 길로 가야 할지 물을 때도 내 입장을 존중했고, 편안하고 안전하게 운전을 하면서 집까지 데려다 주었습니다. 음악의 볼륨을 어디까지 낮추는 게 좋은지도 배려하며 물었습니다. 자기 좋아하는 음악을 크게 틀어놓고 난폭운전을 하는 총알택시 기사들과는 달랐습니다.

나는 집 앞에서 내리며 "고맙습니다, 편안하게 잘 데려다 주셔서." 하고 감사의 인사를 하였습니다. 택시요금을 받아든 기사는 "무슨 말씀을요, 제가 더 고맙지요." 하며 허리 굽혀 인사를 하였습니다. 기분 좋은 밤이었습니다.

나는 내가 택시를 불러 집까지 데려다 달라고 하였으니 내가 이 여정의 주인이라고 생각하였지만, 택시 기사는 자기 차로 데려다 준 나를 손님이라고 생각하니 자기가 주인인 셈입니다. 이런 경우 누가 주인이고 누가 객일까요? 법륜 스님은 먼저 감사하다고 인사하는 사람이 주인이라고 말씀하십니다.

둘이 똑같이 콩밭을 맸다. 맬 때는 누가 주인인지 모르지만, 끝나고 나서 "감사합니다." 하고 인사하는 사람이나 먼저 돈 주는 사람이 주인이다. 똑같이 무엇을 했을 때도 자기가 어떻게 하느냐에 따라서 주인이 되는 것이다. 자꾸 다른 사람 탓하지 마라. 내가 행복해지는 길은 얼마든지 있다.
우리에게 중요한 것은 이기는 것이 아니라 행복하게 사는 것이다. (……) "야, 설악산 봐라. 참 이쁘다." 하면 설악산이 좋은가, 내가 좋은가. 내가 좋다. "야, 저 꽃 정말 이쁘다." 그러면 내가 좋은가, 꽃이 좋은가. 내가 좋다.

법륜 스님이 어떤 인터뷰에서 하신 말씀을 듣고 나는 그렇겠구나 하고 고개를 끄덕였습니다. 먼저 고맙다고 인사하는 사람이 그 상황의 주인인 것입니다. 옛날에는 토지를 많이 가진 사람이 주인이었습니다. 산업사회에서는 공장과 기계를 가진 이가 주인이었고, 금융자본주의 시대는 자본을 가진 이가 주인입니다. 지금도 토지나 돈이나 건물을 가진 이가 옛날로 치면 지주이고 주인입니다. 외형상으로 보면 크게 달라진 것이 없습니다.

그러나 돈을 많이 가졌다고 모두 주인이 되는 것은 아닙니다. 함께 일하는 사람들에게 고마워하며 먼저 고개 숙여 인사할 줄 아는 이가 주인입니다. 그가 먼저 고개 숙이면 그에게서 급여를 받는 이들이 다 고개 숙여 그에게 인사할 것입니다. 남들이 마음으로 그에게 고개 숙이는 이가 주인입니다. 누구를 만나든 무슨 일을 하든 고마워하며 사는 이가 주인입니다. 그는 자기 인생의 주인이기도 합니다.

나는 내가 속해 있는 문인단체에서 급여 없이 일하지만 행사가 끝날 때마다 함께 일해 준 사람들에게 고맙다고 인사합니다. 내가 이 단체의 주인이라 생각하기 때문입니다. 전화 통화를 끝낼 때도 자주 고맙다고 인사합니다. 어떤 때는 고맙다는 말을 구태여 할 필요가 없었는데도 고맙다고 인사합니다. 그 사람 자체가 내게 고마운 사람이라고 생각하기 때문입니다. "저 꽃 정말 이쁘다. 그러면 내가 좋은가, 꽃이 좋은가. 내가 좋지 않은가." 하고 법륜 스님은 말씀하셨습니다. 그렇습니다. 고마워하며 살면 내가 행복합니다. "중요한 것은 이기는 것이 아니라 행복하게 사는 것"입니다.

감사합니다.

이 세상에서 가장 부유한 사람은 누구인가?

자기가 가진 것에 감사하는 사람이다.

- 《탈무드》

이 아름다운 세상에
마음의 문을
활짝 열게 해주세요.

– 《세상에서 가장 아름다운 기도 100》 중에서

남들이 마음으로 그에게

고개 숙이는 이가 주인입니다.

누구를 만나든 무슨 일을 하든

고마워하며 사는 이가 주인입니다.

그는 자기 인생의 주인이기도 합니다.

감사의 마음은 얼굴을 아름답게 만드는 훌륭한 끝손질이다.

— T. 따커

『저 꽃 정말 이쁘다. 그러면 내가 쪼아니가, 꽃이 쪼아니가.

내가 쪼아지 않으니가.』하고 병관은 스님이고 말씀하셨습니다.

그간습니다. 고마워하며 살면, 내가 행복합니다.

『좋아한 것은 이기는 것이 아니라 행복하게 사는 것』입니다.

당연하게
받지 말고
감사히 받자

| 원철
| 스님, 해인사 문수암

주는 것만 보시인 줄 알았더니 잘 받아주는 것도
큰 보시임을 이번에 다시금 알게 되었다.

길게 날을 잡아 낙동강 1,200리 도보순례 팀이 길을 떠났다. 전체 일정을 소화할 형편이 못 되어 하루 정도 함께하기 위하여 안동댐에서 합류하였다. 신발끈을 단단히 동여매고 밀짚모자를 눌러쓰고는 바랑 속에 '낙동강을 살립시다'라는 전단지를 가득 넣고서 강변을 따라 시가지를 향해 걸었다.

철길 옆으로 한국의 전탑을 대표하는 국보인 신세동탑이 먼지를 둘러쓴 채 초라하게 서 있고, 그 너머 안동의 대표적 종갓집이 퇴락한 모습으로 우두커니 앉아 있었다. 육중한 댐 아래에는 어떻게 겨우 겨우 빠져나온 강물이 앓는 사람마냥 수척한 물빛으로 새벽안개를 피워올리고 있었다. 이렇게 우리는 모든

걸 하나 하나 잃어가고 있었다.

　기차역, 버스정류소 그리고 길거리에서 전단을 나누어주었다. 무심한 표정으로 마지못해 받아가는 사람, 고개를 돌려 손사래를 치면서 아예 받지 않으려는 사람, 호기심으로 '스님들도 이제는 길에 나와 선교 용지를 돌리는 시대인가?' 하는 표정으로 쳐다보는 사람, 수고한다고 인사를 하면서 아주 반갑게 받아주는 사람 등 정말 천태만상이었다.

　건네주는 우리 태도도 여러 가지 모습이었다. 신문 넣듯이 남의 가게에다가 툭 던지고 가는가 하면 지나가는 사람에게 그냥 불쑥 광고지처럼 내미는 경우도 있었다. 미소를 지으면서 '포교용지'를 갈라주듯 매너 있게 건네는가 하면 정중하게 인사를 하면서 무슨 계약서 전달하듯 하기도 했다. 또 매우 의미 있는 일을 하고 있노라고 내용을 간단하게 설명하고서 주기도 하는 등 그야말로 야단법석의 현장이었다.

　주는 사람이 어떻게 주느냐에 따라 받는 사람의 표정이 달라졌다. 또한 받는 사람의 표정과 말투에 따라 주는 사람의 마음가짐이 달라졌다. 주는 사람은 뿌듯함을 느꼈다가도 의기소침해지기도 하는 것이었다.

　길을 다니다 보면 거리에서 광고지를 받는 경우가 종종 있게 된다. 앞으로는 그런 걸 받을 때 '감사합니다, 수고하십니다.' 하면서 기쁜 표정으로 받아야겠다는 생각을 했다. 그게 설사 타 종교의 선교용지라 할지라도. 주는 것만 보시인 줄 알았더니 잘 받아주는 것도 큰 보시임을 이번에 다시금 알게 되었다.

그냥 받기는 쉽지만 잘 받기는 쉽지 않다. 잘 받는 것은 주는 이의 수고를 이해하고 감사한 마음으로 받는 것이다. "감사합니다."라고 말하는 순간 상대방에게 소통과 행복의 씨앗을 퍼뜨리게 된다. 이웃들의 사랑을 감사히 받는 마음, 자연의 혜택을 감사히 받는 마음, 다른 이의 좋은 의도의 손길을 감사히 받는 마음은 보시이며 행복의 길이다.

감사합니다, 사랑합니다, 다행입니다, 행복합니다.
감·사·다·행은 우주의 주인이다.
날마다 감사다행을 상기하고 반복하면서 깊이 새겨라.
그대에게는 행운이 늘 함께할 것이다.
불행은 감사다행을 잊고 남을 원망하거나 사악한 마음을 품은 자에게 온다.
육체의 병과 정신의 병은 이로부터 시작되었다.
일체만물은 불성이 있다.
모든 존재는 감정이 있다는 말이다.
하늘부터 땅까지의 모든 것을 사랑으로 말하고 사랑으로 함께하라.
더 이상 진리는 없다.

우리가 가는 길은 엄마의 길이다.

엄마의 진정한 얼굴을 완성하기 위하여 수행한다.
깨달으려 한다면 어리석은 자다.
몸으로 체험하고 이치는 연구하라.
이치는 체험이 아니다.
체험으로 완성한 사랑이라야 한다.
남성은 어머니 같고 여성은 더욱 여성스러운 얼굴,
그것이 진리의 길이다.

너무나 평범해서 알지 못하고 지나친다.
지나치면 잊어버리고 잊으면 우린 진리가 없다 말한다.
법이 어디 있느냐 묻는 자에게 감사다행을 전한다.
우주는 항상 영원했다는 것을 알아라.
사랑하는 그대에게.

THANK YOU

감사합니다.

감사는 과거에 주어지는 덕행이 아니라

미래를 살찌게 하는 덕행이다.

– 영국 속담

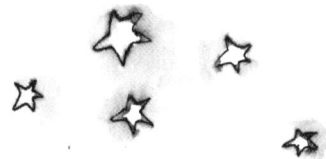

감사합니다, 사랑합니다, 다행입니다, 행복합니다.

감·사·다·행은 우주의 주인이다.

날마다 감사다행을 상기하고 반복하면서 깊이 새겨라.

그대에게는 행운이 늘 함께할 것이다.

101

감사의 역량에 따라 행복의 크기가 결정된다.

- 밀러

그냥 받기는 쉽지만, 잘 받기는 쉽지 않다. 잘 받는

것은 주는 이의 시간과 마음과 정성으로 받는 것이다.

『감사합니다.』라고 말하는 순간, 상대방과 소통과 공명이

씨앗으로 뿌리게 된다. 아무리 작은 감사한 마음을,

자연의 형태으로 감사한 받는 마음을, 다른 이의 재능을 이해,

손길으로 감사한 받는 마음은 복이 풍성한 길이다.

감사의 기도

| 김강정(시몬)
| 사제, 부산교구 삼랑진 성당

당신이 떠나신 게 아니라, 제가 떠났음을.
떠나 있던 내내 제 곁에 머물러 계셨음을.

그랬습니다. 주님! 저는 번번이 당신 손을 놓치곤 했습니다. 늘 제 힘만 믿었고, 제 뜻만으로 움직였습니다. 당신이 원하시는 일은 안 하고 제게 필요한 일만을 고집했습니다. 그 길에서 숱한 실패를 경험했고 무수히 쓰러지기도 했습니다. 길이 막히고 갇혔을 때 발버둥을 치면서도 당신은 잊었습니다. 절망에 빠져 혼자가 되어버린 순간조차도 당신과의 거리는 멀었습니다. 그럴 때마다 불평하고 원망만 늘었습니다. 당신이 나를 찾으시던 순간은 잊고서, 내가 당신을 찾는 순간에는 없다며 불만을 터뜨렸습니다. 당신이 떠난 삶 속에는 기쁨도 감사도 평화도 없었습니다. 그저 애환哀歡과 격노激怒에 떠는 가련한 짐승일 뿐이었습니다. 끝 닿지 않을 추락이 이어졌고, 정신을 차렸을 때는 이미 모두를 잃고 난 다음이었습니다. 어느 순간 만신창이가 된 자신을 마주

하고 있었습니다. 다시 설 힘조차도 없었고, 그것이 끝이라고만 여겼습니다.

좌절과 실의에 허우적대고 있을 즈음 당신이 찾아오셨습니다. 그윽한 눈길로 내려다보시며 쓰러진 저를 일으켜주셨습니다. 그러고는 애처로이 떠는 저를 품속에 거두어 오래도록 보듬으셨습니다. 그 품에 안겨 서럽도록 울었습니다. 원도 한도 없이 눈물을 흘렸습니다. 서러워서 울었고, 고마워서 울었고, 미안해서 울었습니다. 저더러 실컷 울라며 토닥여주셨습니다. 그날 처음 알게 되었습니다. 당신 품이 그렇게 넉넉하고 따스한 줄을. 당신은 제게 말씀하셨습니다. 한순간도 잊은 적이 없다고. '어미가 젖먹이를 잊는다손 치더라도 나는 너를 잊지 않는다.' 하시며 '눈에 넣어도 아프지 않을 귀염둥이'라 불러주셨습니다. 그러고는 볼을 부비며 입맞춤을 해주셨습니다. 저는 그날 당신의 눈가에 맺히는 눈물을 보았습니다. 제가 울었을 때보다 더 많이 우셨고, 제가 아플 때보다 당신이 더 크게 가슴 아파하셨습니다. 당신의 눈물이 말하고 있었습니다. 다시는 떠나지 말라는 사무친 여운을 남기던……

제 슬픔보다 더 깊은 슬픔으로 눈물 흘리시는 임이시여! 제 아픔을 당신 것으로 삼는 지고의 신神이시여! 그랬습니다. 당신의 손길을 뿌리쳐온 탕아는 이제야 깨닫습니다. 늦된 철부지는 이토록 시간을 허비하고서야 알게 되었습니다. 당신이 떠나신 게 아니라, 제가 떠났음을. 떠나 있던 내내 제 곁에 머물러 계셨음을. 그토록 오랜 기다림을 이어 오늘의 저를 만나주셨거늘 왜 그땐 보이지가 않고, 들리지가 않았는지. 이제 더는 방황이 없었으면 합니다. 겁 없이 당신 손을 놓는 일도 없었으면 합니다. 버겁고 무거운 인생의 짐을 맡기며, 상심과 슬픔으로 지난至難한 일들 모두 당신께로 돌리겠습니다. 당신 안에서만이 삶은 은총이고 축복임을 고백합니다. 애오라지 당신께만 붙들려 오래도록 행복하고 싶습니다. 당신을 떠나서는 한순간도 행복할 수 없다는 결론을 영원으로 이어가길 소망합니다. 당신이 계셔 정녕 행복합니다. 주님! 감사합니다.

감사합니다.

가장 축복받는 사람이 되려면 가장 감사하는 사람이 되라.

– C. 쿨리지

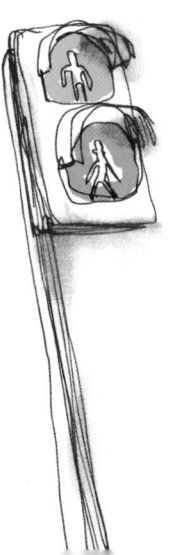

121

저는 그날 당신의 눈가에 맺히는

눈물을 보았습니다.

제가 울었을 때보다 더 많이 우셨고,

제가 아플 때보다 당신이 더 크게

가슴 아파하셨습니다.

당신의 눈물이 말하고 있었습니다.

다시는 떠나지 말라는 사무친 여운을 남기던…….

127

촛불을 보고 감사하면 하나님은 전등을 주시고,

전등을 보고 감사하면 달빛을, 달빛을 보고 감사하면 햇빛을,

햇빛을 보고 감사하면 하나님은 밝은 천국을 주신다.

- 스펄전

버겁고 무거운 인생의 짐으로 맥이며, 살아갈 소망이면

지난한 인고의 모든 다시금 보라 걸었습니다. 다신 일어날

삶으로 이끌어 가 책겨이며 감사합니다. 헤치지 다시금,

부드럽게 오래 버텨 찬란하고 신실합니다. 다신 일어서는

한 순간과도 햇볕같은 수 있었던 격려와 이끌어 이 가슴

소망합니다. 다시는 결심 저는 찬란하다. 저금. 감사합니다.

감사의 조건

정용철
《좋은생각》 발행인

나에게 생명이 있음에 감사하며,
내 생명을 통하여 남의 생명을 귀하게
여길 수 있음에 감사합니다.

시골에 누님 한 분이 계십니다. 누님은 얼마 전 겨울, 미끄러운 언덕길에서 차를 몰고 내려가다가 맞은편의 트럭과 부딪히는 사고를 당했습니다. 차도 많이 망가지고 사람도 큰 충격을 받았는데, 사고 뒤에는 몸에서 기운이 다 빠져나가고 삶의 의욕도 사라져버렸다고 합니다.

그러던 어느 날, 집에서 키우는 강아지 아홉 마리를 데리고 뒷동산에 올라갔다 집에 거의 다 내려와서 보니 강아지 한 마리가 보이지 않았습니다. 그래서 다시 강아지들을 이끌고 산으로 올라가는데 어느 지점에 이르니 강아지들이 일제히 계곡 쪽으로 내려가는 것이었습니다. 가시덤불을 헤치고 강아지들을 따라 내려가 보니 잃어버린 강아지가 사냥꾼이 쳐놓은 올가미에 목이 걸린 채 낑낑거리고 있었습니다. 누님은 급박한 심정으로 손에 상처를 입으면서 올가미를 풀어주었습니다.

그러자 강아지는 이제 살았다는 듯 좋아하며 누님 주위를 빙빙 돌며 꼬리를 흔들었습니다.

강아지 아홉 마리를 무사히 집에까지 데리고 온 누님은 저에게 곧바로 전화를 하여 "내 힘으로 하나의 생명을 구했다는 사실이 경이로워 이제는 새로운 삶에 의욕이 생긴다."고 했습니다.

그 뒤 누님은 건강을 되찾았고 예전보다도 더 활기찬 생활을 하고 있습니다.

우리들은 살아가면서 일등 복권에 당첨되는 것 같은 극적인 일이 일어나기를 기대합니다. 그러나 우리를 압도하는 극적인 일은 대부분의 인생에서 일어나지 않습니다. 대신 누구에게나 골고루 틀림없이 일어나는 일이 있으니 그것은 일정 분량의 작지만 행복한 사건들입니다.

강아지 한 마리를 올가미에서 풀어내고 새 힘을 얻게 된 행복한 사건, 선하게 사는 것이 옳고 또 이러한 삶이 귀하고 아름답다고 확신하면서 느끼는 소박한 기쁨, 메마른 나뭇가지에서 피어나는 한 송이 꽃을 보고 품어보는 자연에 대한 경이감, 사랑의 느낌 속에서 찾게 되는 사람에 대한 신뢰는 삶을 빛나게 합니다. 그리고 그것은 매사에 감사하는 마음 안에서 발견할 수 있습니다.

나에게 생명이 있음에 감사하며, 내 생명을 통하여 남의 생명을 귀하게 여길 수 있음에 감사합니다.

내가 생각할 수 있음에 감사하며, 생각 중에서도 긍정적인 생각을 선택하여 내 삶이 날마다 나아지고 있음에 감사합니다.

내 주위에 사랑하는 사람들이 있음에 감사하며, 나의 사랑으로 그들이 기뻐하는 것을 볼 수 있음에 감사합니다.

일할 수 있는 장소와 일할 수 있는 건강과 일을 잘할 수 있는 지혜가 나에게 있음에 감사합니다.

남을 이해하는 마음, 용서하는 마음, 나아가 그를 사랑할 수 있는 용기가 나에게 있음에 감사합니다.

나에게는 아직도 가보지 않은 곳이 있으며 남아 있는 시간이 있음에 감사합니다.

작은 일에도, 일상적인 생활 속에서도 감사를 발견하고 그 감사를 말이나 글로 표현할 수 있음에 감사합니다.

*《기쁨의 기술》, 《가슴에 남는 좋은 느낌 하나》에 수록된 글 중 일부입니다.

감사합니다.

감사는 영적 건강의 좌표다.

— 데메츠

145

나에게는 아직도 가보지 않은 곳이 있으며

남아 있는 시간이 있음에 감사합니다.

작은 일에도, 일상적인 생활 속에서도

감사를 발견하고 그 감사를

말이나 글로 표현할 수 있음에 감사합니다.

Thank You

151

감사를 통해 인간은 부자가 된다.

— 본 회퍼

가야 할 마음로 우리가 매서 펴져내고 새 희망으로 어제 된 한 깨끗한 시간, 선하게 사는 것이 참고 또 아름다운 삶을 구하고 아름답다고 확신하며 느끼는 소박한 기쁨, 멈고도 나무가지에서 피어나는 한 송이 꽃으로 피고 피어지는 자연속 대한 경이감, 사람의 느낌에서 숨겨져 있는 사람에 대한 신뢰는 사랑으로 빛나게 합니다. 그리고 기찾아는 매사에 감사하는 마음 안에서 발견할 수 있습니다.

가장 귀한 선물

| 이창호
| 목사, 100주년기념교회

하나님이 나와 내 아내에게 자녀를 선물로 주지 않았다면,
과연 현재의 '나'라는 사람이 존재할 수 있을까?

프랑스에는 우리나라의 어버이날에 해당되는 날이 어머니날과 아버지날로 따로 구분되어 있다. 프랑스 유학 중 태어난 첫째딸 정현이가 만 3살이 되어 유치원에 입학한 그 해부터 매년 어머니날에는 엄마에게, 아버지날에는 아빠에게 학교에서 직접 만든 공작물을 선물로 가져왔다. 매년 딸로부터 선물을 받을 때마다 감격했었다. 그런데 1999년 5월 아버지날, 당시 6살인 정현이가 학교에서 만들어 가지고 온 카드를 선물로 받았을 때는 그 감격이 특별했다. 카드를 펴면 왼쪽 면에는 자기의 왼쪽 손을 대고 테두리를 그어 만든 손 모양의 그림이 있고, 오른쪽 면에는 딸아이가 직접 쓴 글이 있었다. 작고 앙증맞은 손으로 쓴 글을 읽으면서 나도 모르게 흘러내리려는 눈물을 참으려고 한참 애를 썼다. 그 내용은 다음과 같다.

"Papa! Voice ma main. Prends la et tiens la bien car j'ai besoin de toi. Pour me conduire sur tous les chemins."
아빠! 보세요. 내 손이 여기 있어요. 이 손을 잘 잡아주세요. 왜냐하면 나는 아빠가 필요해요. 모든 길에서 나를 이끌어줄 아빠가 말이에요.

카드를 읽고 나서 나는 정현이를 꼭 껴안고 "사랑해!" 하고 말했다. 정현이와 같은 학년 학생들 모두가 똑같은 내용이 담긴 카드를 아빠에게 선물했을 것이다. 이 카드를 받아본 아빠들은 모두 나와 같은 반응을 보였으리라 지금도 확신하고 있다.

이전까지는 아무런 생각 없이 있다가, 아버지날에 이 카드를 받은 후에야 정현이의 옆에서 항상 도와주겠다고 마음먹었을까? 정현이가 태어나면서, 태 속에 있을 때 아니 이미 자식을 생각했을 때 나는 부모로서 당연히 해야 할 본분이 있었다. 그러한 아빠에 대한 신뢰와 사랑이 고사리 같은 손으로 만든 그 카드를 통해 나의 가슴을 덮었기에 감격했던 것이다.

이후 나는 프랑스를 떠나기 전까지 이 카드를 책상 앞쪽에 붙여놓고 틈이 나면 읽어보곤 했다. 읽으면서 두 가지를 기도했다. 정현이를 하나님 앞으로 잘 이끌어줄 수 있는 신실한 아빠가 되게 해달라고, 또 정현이가 쓴 이 편지를 내가 하나님께 드리는 편지로 생각하고 하나님께 기도했다.

"하나님, 제 손을 잡아주세요. 저는 너무나 부족하고 연약합니다. 인생의 폭풍 속에서 쉽게 좌절하고 방황할지 모르기에 저의 손을 당신의 손으로 꽉 잡아주시고 인도해 주세요."

한때 하루에 담배 두 갑을 피우던 골초였다. 유학 중 교회를 나가기 시작했고, 하나님을 믿기 시작했지만, 담배에 대해서는 자유함이 있었다. 끊어야 할 필요도 이유도 없었다. 그런데 어느 날 여느 때처럼 저녁 식사 후에 베란다에 나가서 담배를 피우고 거실에 들어오니 아내의 표정이 사뭇 진지했다. "언제부터인가 당신이 베란다에서 담배를 피울 때, 당신 뒷모습을 보면서 정현이가 무릎을 꿇고 기도했었는데, 좀 전에 울먹이며 나에게 말하기를 '하나님이 없나봐! 내가 이렇게 매일 같이 우리 아빠가 몸에 좋지 않은 담배를 끊게 해달라고 기도했는데, 아빠가 여전히 담배를 피우니 말이야!' 라고 하지 않겠어요!"

이 말을 들은 나는 한동안 멍하니 있었다. 뒤늦게 하나님을 만난 기쁨에 넘쳤던 나였다. 그런데 나로 인해 내 사랑하는 딸이 하나님을 믿지 못하게 되었다는 사실 앞에서 나는 무릎을 꿇지 않을 수 없었다. 정현이를 불러 딸아이의 그 초롱초롱한 눈을 보며 "하나님이 아빠한테 담배를 피우지 말라고 하시네. 그래서 아빠가 이제는 담배를 피우지 않을 거야! 사랑해! 아빠를 위해 기도해 주어서."라고 말하자, 아이의 얼굴에는 환한 웃음이 가득했다. 그날 이후 나는 남들이 겪는다는 금

단현상도 전혀 없이, 그토록 사랑했던 담배와 편하게 이별하였다. 지금도 아이는 자기의 기도로 아빠가 담배를 끊었다고 생각하고, 자기 기도를 들어준 하나님을 열심히 믿는 아름다운 청소년으로 성장했다. 만약 하나님이 나와 내 아내에게 자녀를 선물로 주지 않았다면, 과연 현재의 '나'라는 사람이 존재할 수 있을까? 하는 의문이 든다. 어디 이뿐이랴, 하나님께서 우리 가정에 선물로 주신 자녀를 키우면서 내 부모님의 사랑을 조금씩 깨우치게 되고, 또 우리에게 향하신 아버지

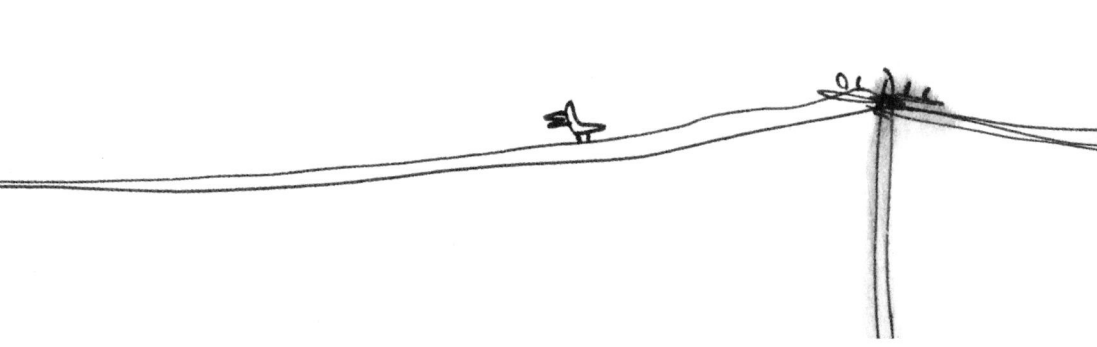

하나님의 사랑이 어떤 것인가를 어렴풋이나마 짐작하게 된다. 얼마나 감사한지 모른다. 이처럼 귀한 선물을 우리 가정에 허락하신 분이 하나님이심을 고백하고 있다는 이 사실에.

감사합니다.

164

165

168

세상에서 감사를 표하는 이의 행동보다

더 아름다운 것은 없을 것이다.

– 라 브뤼에르

매일,
우리가 사랑했던 사람들을
조용히 떠올려 봅니다.
매일,
우리가 마지막 작별 인사를
건넸던 사람들을
조용히 떠올려 봅니다.

- 《세상에서 가장 아름다운 기도 100》 중에서

Papa ! Voici ma main.
Prends la et tiens la bien car j'ai besoin de toi
Pour me conduire sur tous les chemins
                                    Je t'aime

아빠! 보세요.

내 손이 여기 있어요.

이 손을 잘 잡아주세요.

왜냐하면 나는 아빠가 필요해요.

모든 길에서 나를 이끌어줄 아빠가 말이에요.

Thank You

몸에 한 가닥 실오라기라도 감았거든 항상 베 짜는 여인의 수고를 생각하고

하루 세 끼니 밥을 먹거든 매양 농부의 노고를 생각하고 감사하라.

- 고종

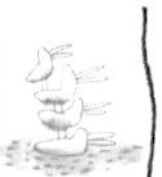

언제부터인가 다시 배가 고파서 잠에서 깨어,

다시 엄마 손으로 볶아서 접시가 수북하게 쌓인 김부각이었는데,

좀 전에 엄마가 내게 말하기를 『하나만 먹어봐!

내가 공장에 다녀올 때까지 아빠가 먹을 때까지 다 먹지 말고,

배다가 기다렸는데 아빠가 어디 다 먹을 때까지 먹으면 안돼!』

라고 하지 않았어!

최고의 감사

고도원
〈아침편지 문화재단〉 이사장

이루어가고 넘어지고 만나러 가는
그 모든 과정이 감사합니다.

모든 것이 감사합니다.
이래도 감사하고 저래도 감사하고 그래도 감사합니다.

젊은 시절 제게 큰 시련을 안겨줬던 긴급조치 9호.
제 인생을 절망의 계곡으로 몰아넣었던 극한의 조치였음에도
지금은 그조차 감사합니다. 그때는 다시없는 고통이었으나
그 사건이 있었기에 오늘의 제가 있게 되었기 때문입니다.

목사이셨던 아버지로부터 어렸을 때부터
'범사에 감사하라.'는 《성경》말씀을 수없이 들었지만
그것을 제 삶 속에 체화한 것은 지천명의 나이가 되었을 때입니다.
마흔아홉에 〈고도원의 아침편지〉를 시작하면서 저는 비로소

진정한 감사가 무엇인지를 깨닫게 되었던 것 같습니다. 당시
제가 맡은 '대통령 연설문' 작성의 일과 막중한 책임, 그로 인한
무거움과 수많은 부딪침, 불면, 고심, 스트레스 속에서 오히려
'범사에 감사'를 알게 되었으니, 인간의 삶이란 그래서
늘 역설과 반전이 존재하는 게 아닌가 싶습니다.

지금은 범사에 감사하는 마음을 갖기 때문에 걱정도 동요도 없고
흔들림도 없습니다. 크게 걱정스런 상황에 놓였을 때조차도 사람들은
제 얼굴을 보고 안도한다고 합니다. 그러한 범사에 감사하는 마음이
〈아침편지〉를 받는 사람들과 주위의 모든 사람들에게
고스란히 전달될 것입니다.

감사를 느끼기 시작하는 순간 행복은 시작됩니다.
이루어졌기 때문에 감사하는 것이 아니고, 도달하고
성취했기 때문에 감사하는 것이 아니라, 시작할 수
있었기 때문에, 아니 시작 전부터 감사합니다.
틱낫한은 행복에 대해 말할 때,
차를 마실 때만 행복한 것이 아니고 차를 마시기 위해 그릇을 씻고
물을 넣고 하는 모든 과정이 행복한 것이라고 했습니다.
사람을 만났을 때만 행복한 것이 아니고 만나러 가고

기다리는 과정이 모두 행복한 것입니다.

결과가 아닌 과정이 행복이듯 감사도 마찬가지입니다.
이루고 도달하거나 반가운 사람을 만났을 때만 감사한 것이 아니고
이루어가고 넘어지고 만나러 가는 그 모든 과정이 감사합니다.

최고의 감사는 범사에 감사하는 것입니다.
범사에 감사하는 것은 모든 것에 감사하는 것이고,
모든 것에 감사하는 것은 가장 작은 것에도 감사하는 것이며,
도저히 감사할 수 없는 것까지도 감사하는 것입니다.

감사할 만한 일에 감사하는 것은 누구나 할 수 있습니다.
진정한 감사는, 도저히 감사할 수 없는 일에조차 감사할 줄
아는 것입니다. 그것이 행복의 근원입니다.
걱정하지 말고 감사하십시오.
범사에 감사하십시오.

감사합니다.

우리의 가진 바 때문에 우리가 감사하는 것이 아니요,

우리의 되어진 바로 인해 감사한다.

– 헬렌 켈러

195

감사할 만한 일에 감사하는 것은

누구나 할 수 있습니다.

진정한 감사는,

도저히 감사할 수 없는 일에조차

감사할 줄 아는 것입니다.

그것이 행복의 근원입니다.

모든 것이 감사합니다.

이래도 감사하고 저래도 감사하고

그래도 감사합니다.

199

Thank You

남에게 베푼 이익을 기억하지 말라.

남에게서 받은 은혜를 잊지 말라.

— 바이런

최고의 감사는 뼈사골 감사하는 것입니다.

뼈사골 감사하는 것은 멀리 것을 감사하는 것이고,

멀리 것을 감사하는 것은 가장 작은 것을 감사하는 것이며,

도저히 감사할 수 없는 것까지도 감사하는 것입니다.

살아있음에
감사합니다

내가 저자가 되는
감사 노트

초판 1쇄 인쇄 2009년 10월 23일
초판 1쇄 발행 2009년 11월 2일

지은이 | 고도원 외 7인
그린이 | 황중환
펴낸이 | 한 순 이희섭
펴낸곳 | 나무생각
편집 | 정지현 이은주 **디자인** | 이은아
마케팅 | 김종문 **관리** | 김하연

출판등록 | 1998년 4월 14일 제13-529호
주소 | 서울특별시 마포구 서교동 475-39 1F
전화 | 02) 334-3339, 3308, 3361 **팩스** | 02) 334-3318
이메일 | tree3339@hanmail.net
홈페이지 | www.namubook.co.kr

ISBN 978-89-5937-182-2 13040

값은 뒤표지에 있습니다.
잘못된 책은 바꿔 드립니다.